À Arthur et Maxime…
À Marc, instigateur de ces ouvrages…

Une année de comptines et de poésies

Marie-Hélène Mondou
Marianne Dupuy-Sauze

le Printemps

S'il fait beau

nous irons au zoo,
s'il fait gris
nous rest'rons ici,
s'il fait chaud
nous irons dans l'eau,
s'il fait froid
nous irons au bois,
et si… du ciel
tombent des trolls,
alors… ?

Alors nous irons à l'école !

Pour commencer la journée

un peu de vent s'il vous plait
quelques gouttes de rosée
dans l'air le parfum des roses
de quelques fleurs juste écloses
au doux soleil qui se pose...
matin tout frais
matin de mai
matin malin
matin de juin

Et la pluie

s'enfuit

et la fée

s'en fût

et le lutin

malin

revint

au matin

dans mon jardin !

Le merle noir à bec jaune

siffle dans le cerisier
un coucou dans le sous-bois
lui répond de vive voix
au loin la mésange bleue
zinzinule à qui mieux-mieux
et fait la conversation
avec son ami le pinson...
« Mais pourquoi ce tintamarre ?
dit l'inconnu au lézard.
– Comment ?
vous n'êtes pas au courant,
aujourd'hui c'est le printemps ! »

Au carnaval des sorcières

trottent les balais et valsent les masques
les fées ne sont pas invitées
valsent les masques et trottent les balais…

Si par malheur vous y passez,
mauvais sort vous sera jeté,
partez vite avant qu'elles ne puissent
vous envoyer leurs maléfices !

Avec leurs poudres magiques
elles vous changent en barriques,
avec la bave des crapauds
elles vous transforment en taureaux !

Au carnaval des sorcières,
trottent les balais et valsent les masques,
il ne faut pas que vous alliez,
valsent les masques et trottent les balais...

Quoi de neuf ?

J'ai mangé un œuf
il était tout neuf
l'ogre en a mangé neuf
il est gros comme
un bœuf !

Un œuf à la coque
dans ma bicoque
un œuf au plat
dans mon isba
un œuf coucou
dans mon igloo
un œuf dur
sous la ramure
un œuf de pâques
au chocolat
c'est pour moi !

Petit poisson d'avril

Petit poisson
tout rond
se balance
et puis danse
coquin,
malin,
agile,
au bout d'un fil...

Petit poisson
tout rond
se balance
et puis danse
épinglé,
accroché,
agile,
au bout d'un fil...
Petit poisson d'avril !

Bonne vache Pistache

Madame la vache
n'aime pas qu'on se fâche
mais elle n'est pas lâche
elle veut que l'on sache
qu'elle est à la tâche

et qu'elle mâche
et remâche
sans relâche
de l'herbe pistache...

Jouons aux apaches
ou bien à cache-cache
car toujours elle cache
derrière ses moustaches
sa queue en panache !

Ma cabane

J'ai rangé dans ma cabane,
qui est au fond du jardin,
mes trésors, ma sarbacane,
tout ce qui fait mon butin.

J'y invite mes amis,
les elfes et les lutins,
la vieille tortue, les souris
et l'écureuil Picotin.

Viennent aussi les moineaux,
la hulotte et les lapins,
au printemps les escargots
dans ma cabane au jardin...

Photogravure : Atelier Fossard
Édition : Bénédicte Gilles

N° d'éditeur : 2000/234 - Dépôt légal : juin 2000